hawakal creative

# मुमुक्षा

*mumukṣā*

## कौ शि क - आ चा र्यः
Kaushik Acharya

Foreword  Dr. Kalpika Mukhopadhyay

Postscript  Prof. Raghunath Ghosh

Sanskrit-adaptation of
Kiriti Sengupta's *Reflections on Salvation*

**HAWAKAL PUBLISHERS**

Published by: Suvra Chakraborty on behalf of **Hawakal Publishers**, 185, Kali Temple Road, Nimta, Calcutta 700049, India.

First edition: January, 2017

Printed at: S. P. Communications , Raja Dinendra Chandra Street, Calcutta 700009.
Contact: Suvra Chakraborty
Email: info@hawakal.com

Cover concept and design: Sourish Mitra

Illustrations & Graphics: Kaushik Acharya & Hawakal

ISBN-13: 97893-85782-92-3
Price: INR One Hundred only (Rs. 100/- only)

# उत्सर्गः

परमपूज्यं तातं नरेश आचार्यम्
अर्चना आचार्यं च मातरम् ।
नामं नामं मया भक्त्या
ग्रन्थोऽयं मे समर्प्यते ॥

# मुखबन्ध:

ड: किरीटी सेनगुप्त-विरचितस्य 'Reflections on Salvation' इति चूर्ण-प्रबन्धग्रन्थस्य छायाम् आश्रित्य देवभाषया विरचितं 'मुमुक्षा'-इति पुस्तकं श्रीमता कौशिक आचार्येण । श्रीमद्-भगवद्गीताया अष्टादशाध्यायान् नूनं मनसि निधाय तेन अष्टादशनिबन्धा अत्र पुस्तके सन्निवेशिता यत्र प्रायश एव निबन्धेषु भगवद्-गीताया: प्रभाव: स्पष्टं लक्ष्यते ।

निबन्धेषु क्वचित् अन्त:सारशून्यान् सन्न्यासिन: प्रत्यरुचि:, क्वचिद्वा आधुनिककाले पुरोहितानां मुधा मन्त्रोच्चारणं प्रत्यनीहा, पृथिव्या रङ्गमञ्चवत् क्षणिकत्वं, स्वार्थप्रणोदित-दानं प्रति वैरूप्यम् इत्यादय: सुष्ठु प्रकाशिता: सन्ति । विषय-वैविध्यं पुस्तकेऽस्मिन् वैचित्र्यमुपादेयत्वञ्च

विदधाति । सर्वत्रैव मानवजीवन-सम्बन्धिनोऽने-का: प्रश्ना: वर्तन्ते ।

परिशेषे मुक्तिरिति निबन्धे मुक्तेः स्वरूपं तेन मृग्यते । यद्यपि मुक्ति-मोक्षश्चेति शब्दद्वयं 'मुच्' धातोरेव निष्पन्नमस्ति तथापि लोकव्यवहारे मुक्ति-शब्दस्य कैवल्यातिरिक्तेषु अर्थेषु अपि प्रयोगो दृश्यते, यथा कारावासान्-मुक्तिः, रोगान्-मुक्तिः, ग्रन्थस्य मुक्तिरित्यादयः। परन्तु मोक्षशब्दस्य कैवल्यरूपेऽर्थे एव प्रयोगः समीचीन अस्ति।

भग्नावरणस्य जीवात्मनो यदा परमात्मनि, अनश्वराणां व्यक्तिप्राणानां यदा विश्वप्राणे प्रसृतिर्भवति तदैव मोक्षलाभ: सम्भवति । आत्मनि विश्वदर्शनं

विश्वस्मिन् चात्मदर्शनमेव मोक्षस्वरूपम् ।
एतस्मिन् सति निखिलं जगत् ज्योतिर्मय-
-मानन्दमयं प्रेमप्लावितं च प्रतिभाति ।

वैदिकऋषिभिरुक्तं 'सर्वे वयममृतस्य पुत्रा'
-इति । अनेनैव देहेन अस्मिन्नेव जन्मनि
एतद् अमृतपदं प्राप्तुं शक्यते मानवैः ।
एतदेवानन्दलोकं प्रति वयं प्रतिक्षणमग्रे सरामः।
बहवपन्थानस्तत्र सन्ति गमनाय, तथापि शरणा-
-गतान् भक्तान् ईश्वरः स्वयमेव तत्र प्रापयतीति
भगवद्गीतायां श्रीकृष्णस्य आश्वासवाणी –"सर्वान्
धर्मान् परित्यज्य मामेकं शरणं व्रज । अहं त्वां सर्व-
पापेभ्यो मोक्षयिष्यामि मा शुचः " इति ।

श्रीमतः कौशिकस्य अयं प्रथमप्रयत्नः
सफलीभवतु इति प्रार्थये । शिवास्तस्य सन्तु
पन्थान इत्यलमतिविस्तरेण ।

२८ | १२ | २०१६

कल्पिका मुखोपाध्याय
शान्तिनिकेतनम्
अवसरप्राप्ता अध्यापिका, विश्वभारती

# भूमिका

प्राप्तख्यातिना भारतीय-आङ्ग्लकविना किरीटी-सेनगुप्तमहोदयेन 'रिफ्लेक्शन्स अन् स्याल्भेशन'- इति मुक्तगद्यग्रन्थस्य संस्कृतभाषायां नवनिर्माणं मया कृतम्। शास्त्रं शास्त्रीयं व्याख्यानं जीवनदर्शनञ्च, अपि तु दर्शनानां क्षुद्रातिक्षुद्रं प्राप्तिमप्राप्तिं च सृष्टिशीलरचनया स्फुरणमस्य ग्रन्थस्य रचनायाः मुख्यमुद्देश्यमिति।

मम वक्तव्येन सह पाठकाः सहमताः भवितुमर्हन्ति नार्हन्ति वा। ऐकमत्यं तु कोऽपि लेखकस्य अभीष्टं न स्यात्। मम रचनायाः पक्षे विपक्षे च एकमेकाधिकं

वा मतं भवितुमर्हति । परन्तु विरोधिता मम लक्ष्यं नास्ति, न नु पाण्डित्यप्रकाशन-मिति ।

अस्य ग्रन्थस्य अष्टादशखण्डेषु जीव-नानुसन्धानस्य यदाभासं वर्तते तत् मननशीलान् पाठकान् यदि किञ्चि-न्मात्रं स्पन्दितं कर्तुं समर्थो भवति, तर्हि मम प्रचेष्टा एषा सार्थकं भविष्यतीति मन्ये।

मोक्षः मुक्तिर्वा प्रायेण समार्थकोऽपि मुक्तिः इति बहुतरव्यञ्जनया भास्वरमि-ति। मुक्तिः जीवनेन सह तिष्ठति एव; मोक्षं तु शास्त्रीयं देहतत्त्वस्य प्रतिस्तरेषु

विद्यते । शास्त्रीयव्याख्यायां पुनर्व्याख्या-यां च मनुष्याः प्रायः विभ्रान्ताः भवन्ति। अहं शास्त्रज्ञः न ; नाहं भाष्यकारो, न च भाषाविदोऽस्मि । अहं तु मुक्तेरालोकस्य अपेक्षायामेवास्मि ।

मम पाठकाः हि मम ईश्वरः । तेषां मननशीलान त्रिवेण्यां मम लेखक-सत्त्वा मुक्तिस्नानं करोतु ।

३०|१२|२०१६

कौशिक-आचार्यः
बोलपुर
शान्तिनिकेतन

# Acknowledgements

Much love and respect to my caring wife, Mrs. Kalpita Acharya, who has been a pillar of strength. I could not have succeeded in writing this book had Kalpita not allowed me the time she deserved.

My family, especially Ma has always encouraged my little attempts, be it painting or writing. I'm indeed blessed with a wonderful family.

I'm eternally grateful to my teachers in the Sanskrit Department of Jadavpur University, especially Prof. Bijoya Goswami, Prof. Debarchana Sarkar, Prof. Sarbani Ganguly, Prof. Rita Chattopadhyay, Prof. Lalita Sengupta, Prof. Piyali Praharaj, Prof. Tapan Sankar Bhattacharya, Prof. Pradyot Kumar Datta, Dr. Kakali Ghosh and Dr. Shiuli Ghosh, among others for allowing me to learn in every possible way.

I'm clueless; can I ever thank them enough? Dr. Kalpika Mukhopadhyay, Dr. Raghunath Ghosh and Dr. Debaprasad Bandyopadhyay have not only shared their wisdom, they have also offered necessary edits from time-to-time.

Prof. Gopal Chandra Mishra, Prof. Didhiti Biswas, Dr. Mou Das Gupta, Prof. Ratna Basu, Prof. Ayan Bhattacharya and Dr. Shaikh Sabir Ali. I've learned from all of them and they have left profound impact on my mind.

Grateful to my publisher, Hawakal, for trusting my vision and publishing my minuscule contribution to Modern Sanskrit Literature.

Kiriti-da, you have been my inspiration, and I won't even dare to say thanks to you.

# केसरः

कस्तावत् शास्त्राणां प्रणेता ? स्वयमीश्व-रः वा ? उत्तरं नु अतिसहजमस्ति - मनुष्य एव । ऐतिहासिकदृष्ट्या वयं जानीमः कर्मणां भेदानुसारेण सनातनधर्मे अपि च प्राचीनविविधधर्मेषु ब्राह्मणानां पुरोहितानां वा उत्थानमभवन् । अतोऽस्मिन् समये यः शूद्रः यदि प्रागेव स देवपूजनमिति कार्यं स्वीयजी-विकारूपेण निर्धारणमकरिष्यत् तर्हि इदानीं स ब्राह्मणकुलसम्भव उच्चकुलजातः वेति परिचितिमलभत ।

पुनः सर्ववर्णनिर्विशेषे अद्यापि प्रत्येकेषु गृहेषु नित्यकर्मरूपेण विविधपूजानुष्ठानं प्रायेण दृश्यते । तर्हि पूजाविशेषे किमर्थं पुरो-हितमाह्वयामः ? ईषत् चिन्तयतु भवान्, मन्त्राणां सम्यक् प्रयोगाभावेन द्वारस्थो भवाम आह्वयामः च पुरोहितम् । प्रकृत्या हि गुरुगम्भी-रमन्त्रोच्चारणेन चित्ताकर्षणं कृत्वा च पूजायां विश्वासमुत्पादयति स एव पुरोहितः ।

खाद्येषु वर्णं सुगन्धं वा आवहति
केसरः। वस्त्रे च आवहति साधु-
-त्वम्। केसरवस्त्रपरिहितं मनुष्यमतीव
पवित्रमिति मन्यते। एतत्सर्वं हि मनसः
व्यपारः। यदि मनोविज्ञानदृष्ट्या चिन्तय-
-ति भवान् तर्हि स पुरोहितोऽपि खाद्ये
केसरवत् कार्यं करोति। ज्ञात्वा सर्वं
वयं सर्वे अज्ञानवदाचरयामः।

शृणोतु अधुना केसरः पुरोहितर्वा
येन केनापि उपायेनैव सन्न्यास आ-
-याति। अनेन सन्न्यासेन आयाति संलग्न-
-त्वमिति :- पृथिव्या सह संसारेण सह
मनुष्यजीवनेन सह अपि च ईश्वरेण सह
अस्मान् सुगभीरा संलग्नता।

तदा केनोपायेन सन्न्यासी भवितुं
शक्यते? कर्मफलानामाशा संसा-
-रात्मीयपरिजनं च परित्यज्य कोऽपि
प्रकृतरूपेण सन्न्यासी भवितुमर्हति किम?
शृणोतु तावत् स्वयमीश्वरोऽपि परनिर्भर-
-तामपेक्षते। स च ईश्वरः सर्वेषां
सन्न्यासीनामपि ऊर्ध्वे एव विराजते।

# राजफलम्

भारतवर्षे आम्रं फलेषु राजा इति कथ्यते। परिणतमाम्रं पीतं केसरवर्णं वा भवति। यद्वर्णं त्यागस्य सन्न्यासस्य वा प्रतीकमिति सर्वे जानन्ति। श्रीरामकृष्णेण उक्तम् 'आम्रं खादतु वृक्षगणनं मा कुरु' इति।

अस्तु। यदि वृक्षरोपणं क्रियते कथं तेन फललाभाय लिप्सा न जायते? रिपुजर्जरिते अस्मिन् मनुष्यजीवने सन्न्यासार्जनं कथं सम्भवेत्? अधुना वृक्षरोपणादि विस्मृत्य उर्वरकं चिन्तयतु। दरिद्रकृषक उर्वरकं क्रीणाति शस्यक्षेत्रे क्षेपणं च करोति सुशस्यलाभाय एव। यदि कर्षणं न करिष्यति कृषकः तत्र उर्वरकस्य अस्य का सार्थकता?

अनुसरणं तु मनुष्यस्वभावमिति। उच्यते च पञ्चतन्त्रे 'महाजनो येन गतः स पन्था' इति। अपि च श्रूयते 'तव हृदयमनुगच्छ' इति। इच्छामि मम छात्राः मम

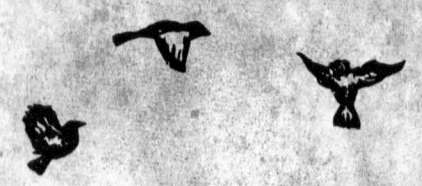

वाक्यं सम्यगरूपेण शृण्वन्तु पालयन्तु च।
एवमीश्वरोऽपि इच्छति मनुष्य: तामनुसर-
-णं कुर्य्यात्। प्रकारान्तरे घोषयति स-
कर्म कुरु अनुसरणं कुरु, अनिवार्यरूपेण
सुफललाभं भविष्यतीति। अन्यथा...

# विनिमयः

प्रयोजनाय हि सृष्टिः। "यावत् प्रयोजनं नोक्तं तावत्तत् केन गृह्यते ?" अतः प्रयोजनं तु मूलमिति। सम्यग्रूपेण चिन्तयतु, वयं सर्वे खलु भगवतः हि प्रयोजनमेव। यथा छात्रशून्ये विद्यालये शिक्षकः तथैव भक्तशून्ये देवालये भगवानपि केवलं प्रस्तरमूर्तिवत् शोभ-ते। अतः भगवतोऽस्तित्वं खलु भक्तनिर्भरमेव। तस्य भगवतः समृद्धिः प्रचाराय च भक्तेः प्रयोजनमस्ति।

एतन्तु चिन्तनीयमधुना यत् सन्न्यासमा-ध्यमेन नानाविधोपायेन कष्टसाधनेन वा तस्य भगवतः सान्निध्यलाभाय भवान् किमर्थं अहर्निशमौत्सुक्यं प्रदर्शयति ? भगवन् ! त्व-मपि भक्तवदेव संलग्नाय ईषद् समयमसंलग्नं भव इति प्रार्थयामि अधुना।

सम्प्रति हि मनुष्या आधुनिकाः । तर्हि कार्यकारणसम्पर्कज्ञानी भवान् कथं तावत् केवलमभ्यासेन वशीभूतः सन् अयौक्तिकानुसरणे निरतो भवति ? भवान् कार्यं करोति वेतनाय एव । परिजनाः च इमं वेतनमपेक्ष्यन्ते । ज्ञानं शिक्षयति किं संसारपरिजनं विहाय यत्र कुत्रापि वा तिष्ठतु ?

# आचरणविधिः

यथैव शिक्षाप्रतिष्ठाने तथैव किमपि धर्मीयसम्प्रदाये सुनिर्दिष्टं वेशभूषां प्रायेणावलोक्यते । श्वेत-रक्त-केसर-वर्णपरिहिता‌ः मनुष्याः सर्वेषां दृष्टिराकर्षणं कुर्वन्ति । अनेन आकर्षणेन जायते संलग्नत्वमिति । एवमावस्थायां सन्न्यासिन एकस्य जीवनचर्यायाः विचारेण असंलग्नत्वं तु कष्टकल्पितमेव ।

भवतः प्रतिवेशी एकः यः दिवाभागे अक्लान्तं परिश्रमादनन्तरं जराग्रस्थायाः मातुः सेवायां नियोजितोऽस्ति वत्सराणि यावत् स कर्मी-पुरुषः संसारे स्थितेऽपि प्रकृतसन्न्यासीवत् जीवनधारणं करोति । तस्य सन्न्यासस्य तु कोऽपि निर्दिष्टवेशभूषाणां स्थानं नास्ति, यद्यस्त्रमस्मिन् संसारे तस्य सन्न्यासस्य सामाजिकघोषणया प्रयोजनमस्ति ।

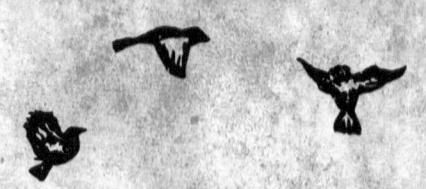

येन केनापि विधिना सह् अस्माकं
संलग्नता तु प्रधानतया तेन सह्
कुत्रापि असंलग्नता हि प्रकाशयति प्रका-
-रान्तरे। विधिना सह् निषेधोऽपि आयाति।
अतः वेशभुषारूपादयरस्माकमाचरणविधयः
स्वर्गीया इति भवितुमर्हन्ति, परन्तु तत्र
कुत्रासौ ईश्वरः?

जीवनस्य उद्देश्यबोधनमस्माकं पार्थिव-
-मस्तित्वमुपलब्धिं च तस्य ईश्वरस्य
सान्निध्यलाभस्य सर्वप्रथमं पदविक्षेपमिति।

# मञ्चसज्जा

'लाइट - क्यामेरा - अ्याक्सन' - इति घोषणाद-
-नन्तरं स्पदवये प्रस्थिते अभिनयमारभते।
निर्देशकस्य निर्देशानुसारेण अभिनयानि प्रदर्श-
-यन्ति कुशीलवाः, स्थानविशेषे च प्रतिभानु-
-सारेण स्वकीयं प्रभावमपि प्रदर्शयन्ति।

यत् किमपि प्रदर्शयिति भवान् तदस्माभिः
प्रदर्शनमिति उच्यन्ते। उक्तश्च शेक्स-
-पीयरेण - "रङ्गभूमिः खलु इयं पृथ्विवी।"
अपि च उच्यते यत् - सर्वे वयं कुशीलवाः, यत्र
ईश्वरः हि निर्देशकः इति।

अस्तु, किं भविष्यति यदि अभिनयकाले भवतः कोऽपि दर्शकः नागमिष्यति ? पुनः यदि अभिनयादनन्तरं भवान् कदापि कुत्रापि वा प्रशंसां न लप्स्यते ? अथ भाग्योपरि दोषारोपं कर्तुं शक्नोति भवान्, एतत्तु अवश्यमेव चिन्तनीयं यत् भवता सर्वोत्कृष्टं प्रदर्शनं कृतमस्ति वा न वेति ।

मोक्षं नु आलोकप्राप्त्येऽपरं नाम यत् कर्मेन्द्रियैः च लभ्यते । पुनः यद्ज्ञातं तत् चक्षुकर्णजिह्वानासिकात्वग्माध्यमेन हि प्रत्यक्षरूपेण ग्रहणं सम्यग्रूपेण बोधनञ्च अतीव आनन्ददायकं भवत्येव ।

# विवेकदन्तम्

दन्तवेदनया पीडीता कातरा च एका रमणी चिकित्सालये दन्तचिकित्सक-स्य शरणमागत्य सपदि वेदनामुक्तये पुनः पुनः प्रार्थनामकरोत्। अथ द्रुतं तेन चिकित्सकेन क्षयग्रस्थं दन्तमदः चिह्नित-मवशं कृतश्च। 'अहो। अतीव सुखमनु-भूयते मया' इति अर्धनिमिलिताक्षेणोक्तं तया रमण्या। अपि च अयोजयत् - 'येन केनापि उपायेन दन्तमेतत् रक्षितव्यमिति'

चिकित्सक उपदेशं दत्तवान् न जातु सम्भवेदिति। यद्येवं क्रियते तेन पा-र्श्वस्थितदन्तेषु अपि अचिरेण क्षयं भविष्य-न्ति। इत्युक्त्वा स प्रदाहनिरामयस्य निदान-मयच्छत्। अपि चोक्तं - 'पञ्चदिवसानि

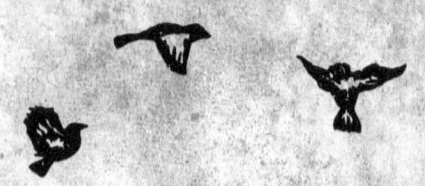

इमानि औषधानि स्वीकृत्य पुनरागच्छतु दन्तमेतदुत्पाटयितुम्'। सा रमणी तु सम्मतं नाभवत्। असन्तुष्टं भूत्वा च अत्याधुनिकानां चिकित्सापद्धतीनां नामानि उल्लेख्य चिकित्सकमपृच्छत्- 'भवान् किं क्लेशमुक्तं संरक्षणं जानाति वा न वा?' इति।

चिकित्सकोऽसौ हसन्नाह -

'ज्ञानं तु वेदनानुसारिणमेव भवति'।

# संलग्नत्वम्

धूम्रपानं सुस्वास्थ्याय हानिकारकमिति । अपि च कर्कटरोगस्य अन्यतमं कारणमिति सर्वे जानन्ति ।

प्रतिदिनं प्रतिघण्टायां धूम्रपानं करोति भवान् । तर्हि इमां सतर्कीकरणवार्तां पुनः शृणोतु । मुहुः शृणोतु । अधुनापि भवतः धूम्रशलाकापेटिकासु विंशतिः पञ्चविंशतिर्वा धूम्रशलाका अवशिष्टाः सन्ति । जानामि भवान् स्त्रियं निकषा प्रतिज्ञां कृतवान् पुनः धूम्रपानं न करिष्यतीति ।

भवन्तं विश्वसति सा । परन्तु धूम्रपानं पुरतः तस्या आकर्षणमीषत् क्षीणं जायते । कर्कटरोगाक्रान्तजनस्य चित्रसमन्वितां पेटिकां स्त्रीवदनश्च स्मरणादनन्तरं पुनः प्रतिज्ञां क्रियते तया प्रतिदिवसान्ते –' अन्तिममेतत , श्व आरभ्य पुनः न करिष्यामि '- इति ।

# पयस्विनी

येन केनापि समस्यासमाधानाय ज्योतिषीं निकषा वयं प्रायेण गच्छामः। अहमपि मनुष्यः।

ज्योतिषी: मम हस्तरेखां सम्यगवलो-क्य विहितं यत् पुरोहिताय गोयुगं दातव्यमिति। स विश्वसिति गोदानेन मया कृतानि सर्वाणि पापकर्माणि दूरीभवन्ति, ईश्वरोऽपि सन्तुष्टं भूत्वा समृद्धिप्रतिपत्ति-शान्तिं च मे दास्यति।

मया गोयुगं क्रीतं पुरोहिताय दत्तश्च ।
तुष्टं भूत्वा स आशीर्वचनं श्रावयति
मां यत् - "अधुना तुष्ट ईश्वरोऽपि, तव प्रार्थ-
-ना न गमिष्यति विफले" इति ।

यद्यपि हाटतः श्रेष्ठगोयुगं मया क्रीत-
-मासीत् शास्त्रानुसारेण दत्तश्च पुरो-
-हिताय तथापि मम भाग्यपरिवर्तनं नाभवत्।
अथैकदा तं पुरोहितमतीव रुष्टं दृष्ट्वा ज्ञातुं
शक्यते मया यत् गोयुगं दुग्धप्रदानकार्याद-
-वसरमगृह्णात् ।

शास्त्रं यदि मनुष्यस्य हिताय जीवना-
-य च रचितमभवत् तर्हि अत्र मनु-
-ष्यत्वस्य स्थानं कुत्रास्ति ?

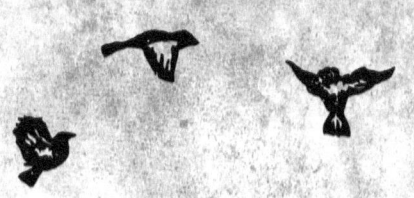

# अग्निः

भवान् यज्ञं चिन्तयति, मुक्तिं चिन्तयति। चिन्तयामि अधुना कति घृतादि पुरोडाशाः दह्यन्ते अहर्निशं विविधयज्ञेषु। कतयः वृक्षाः निर्मूलं भवन्ति अनेन कारणेन। अन्या प्रयोजनमस्ति जीवनयात्रायाम्। अपि च मानवान् शृङ्खलाबद्धं कर्तुं यज्ञन प्रयोजनमासीत् वेद। तन्नु स्पष्टं करोतु जनमानसे। अलं भीतिप्रदानेन।

अग्निप्रज्ज्वलनकार्यमपि अतीव कष्टसाध्यमासीत्। तन्निमित्तं हि वारमेकमरणिमन्थनादनन्तरमग्न्याधाने कृते तत्रैव ज्योतिष्टोमादि यज्ञानि अभवन् महर्षिभिरहर्निशम्।

तत्र गार्हस्पत्याग्निराधानादनन्तरं न निर्वा-
-पनीयमिति नियममपि आसीत् । परिवेश-
-सचेतना विद्वांस अये वेदज्ञाः महर्षयोऽस्मि-
-न् युगे सर्वे क्षीप्ताः तेषामुपरि । कथं न
स्पष्टीकृतवन्तः तैः तेषामभिप्रायः ?

अस्तु, व्ययसाध्यमेतत् यज्ञं किमुपायेन
क्रियते दरिद्रेण ? दरिद्रब्राह्मणेन दरि-
-द्रयाजकेन वा ? यज्ञेन नु स्वर्गलाभरूपम-
-दृष्टफलं लभते । तर्हि दरिद्राणां किं स्वर्ग-
-लाभेन प्रयोजनं न सन्ति ? स्पष्टं वदतु
तावत् यत् जन्मान्तरे धनीपरिवारे जन्म-
-ग्रहणादनन्तरं व्ययसुलभे यज्ञे कृते अभीष्टं
स्वर्गलाभरूपं फलं लभते इति ।

# ध्यानम्

तूष्णीं भवतु अधुना । ह्यः पुस्तकभाण्डारमगच्छम् । कियद् ध्यानसम्बन्धीनि पुस्तकानि संगृहीत्य गृहमागत्य ईषदपठम् । अनुभवामि अधुना - मनं स्थिरीकर्तुमिच्छति चेत् ध्यानं तु करणीयमिति । तन्निमित्तं किञ्चित् मनःकष्टमपि स्वीकरणीयमिति ।

भवान् अन्धकारे निर्जने कक्षे आसने उपविश्य ध्याननेत्रे एकाग्रचित्ते ध्यानचिन्तायां विलीनः । अथ सपदि भवतः पदयुगले घाटायां च व्यथामनुभूयते शरीरञ्च कम्पितं भवति । अपि च चिन्तयति दूरदर्शने चलमानं कन्दुकक्रीडां यदि

वा द्रष्टुं शक्यते ! अहो ! आयकरप्रदानस्य अन्तिमदिवसोऽद्यैव आसीत् । अनेन बहु-विधचिन्तया ध्यानभङ्गोपक्रमः जायते । परन्तु यदि आसनादुत्तिष्ठति अधुना फलमपि न प्राप्तुं शक्यते इति स्वयं गीता उपदिशति ।

पुनः कोऽपि प्रचारितवान् युगे युगे असंलग्नतायाः महती वाणी ।

# स्वर्गलोकम्

घर्मसिक्तः रक्तस्नातः सर्वस्वहृतः च भवतु वा न वा, यद्यपि अतिक्रा-न्तिमनुभूयते तदापि यत् करणीयं तत्तु करणीयमिति । त्वया यज्ञं क्रियते इति । त्वया दानं क्रियते इति । त्वया च ध्यानं क्रियते इति । भवा पागला आह- "कर्तव्यं करोति चेत् सौन्दर्यं बर्धयिष्यति" इति ।

रमा मम पितृस्वसा । जीवनं तस्याः स्वामी-सन्तान-पाठने च उत्सर्गीकृत-वती । तां निकषा परिवारं सर्वदैव प्रधानविचार्यमासीत् , अद्यापि चास्ति । स्वीय स्वास्थ्यविषये चिन्तनं कदापि न पुनः स्वीय किञ्चिदपि इच्छां स्वप्नपूरणं

वा कदापि न अचिन्तयत् सा। येन केनापि अवस्थायामेव परिवारस्य सेवां करणीयमिति तस्याः जीवनस्य मूलमन्त्रमासीत्। अपि च गृहदेवतायाः पूजायां कदापि किमपि कार्पण्यं न कृतवती एषा रमणी।

अधुना एकादशवर्षाणि यावत् दुरारोग्यव्याधिग्रस्ता सन् गृहवन्दिनी मम पितृस्वसा। रुद्रमूर्तिसूर्यदेवस्य प्रभावेण सम्प्रति सा अन्धकारं वहुमन्यते। परिवारस्य सेवायामद्यापि नियोजिता सा पतिपुत्रयोः हितायैव नियमानुसारेण नित्यपूजामपि करोति प्रतिदिनम्। चिन्तयामि अधुना कुत्र वर्धितं तस्याः सौन्दर्यम्? पुनः चिन्तयामि तस्याः स्वर्गलाभं सुनिश्चितं वा न वा।

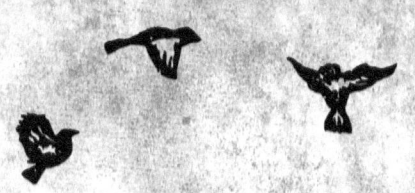

# पुनरागमनम्

कामना परित्यज, पार्थिवसुखं च परित्यज- बहूक्तं तैन । अधुना वास्तवचित्रमेकमुपस्थापयामि ।

असौ सन्न्यासी रविवासरे नियमितरूपेण प्रायेण प्रत्येकेषु गृहेषु भिक्षां याचते । वद-ति च- "ग्रामं निकषा आश्रममेकमस्ति, तत्र साधवः च सन्ति । तन्निमित्तमेव भिक्षया प्रयोजनमस्ति" इति । जानामि कियत् परिवारमहं ये दानात्परं रसिदं तु सयत्नेन पेटिकावन्दिं कुर्वन्ति ।

उच्यते - "दाता हि उत्तमर्ण" इति ।
प्रकृतं सत्यं तु अमीभिः रसिदैः
आयकरे किञ्चिद लाघवं भविष्यति
वर्षान्ते । अस्माकं देशे मुद्रितोऽयं दान-
-पत्रं 'Section 80G'- इति व्यवहार-
-धारायां स्वर्णाक्षरेण लिखितमस्ति ।

यः सन्न्यासः समाज-संसार-इत्या-
-दिकं परित्यज्य जीवनधारणाय
संसारे एव पुनरागच्छति तत् कस्मि-
-न्नर्थे उचितम् ? कस्मिन्नर्थे वा सन्न्यासम् ?
प्रकृत्या तं सन्न्यासीं साधु इति वक्तुं
शक्यते किम् ?

# श्रीकृष्णः

नास्म वयं कर्मभिराबद्धाः। साधु वा मन्दं वा न खलु वयं कर्ताः। अतः यदा पूजयामः प्रकृत्या स एव देवः स्वस्य पूजनं करोतीति। अनेन प्रकारेण उपवासादि नियमानि विहाय आनन्देन स्थास्यामः।

शरीरं मे, मुखं च मम अपि च अतीन्द्रियं मनः तानि एकत्र यद्मन्त्रमुच्चारयति तत्सर्वमेकसूत्रे एव ग्रथितं भवति, तच्चु अहमिति।

यत्पापं मया कृतं तद्भारं तु तस्य ईश्वरस्य एव । ईश्वर एव अस्माकं माध्यमेन तद्भारभोगं करिष्यतीति । अतोऽस्माकं शिरःपीडा नास्ति । भवान् मां मुर्ख इति वक्तुं शक्नोति परन्तु नाहं श्रीकृष्णः , नाहं भवतः प्रियकूटनीतिज्ञः च अस्मि ।

# कैवल्यम्

विवाहं तु पूर्वनिर्धारितं प्रजापतिनिर्मितं वा । परन्तु विवाहेऽपि आशा वर्तते । कामना अपि वर्तते । सुस्थौ दम्पती तयोरपत्यकामनां न करिष्यति किम् ?

सम्प्रति इच्छामि गृहं निकषा वन्ध्यात्वनिरामयालये श्रीमद्भगवद्गीतां दास्यामि । तत्र चिकित्सकाः रोगिनमवदिष्यन् कर्म कुरु फलस्य चिन्तनं मा कुरु । यतः गीता उपदिशति - "मा फलेषु कदाचन" इति ।

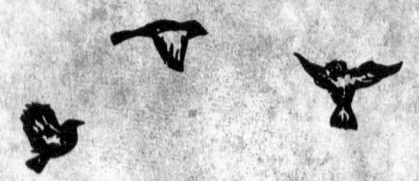

परन्तु अयमुपदेशः निःसन्तान-
-दम्पतौ निकषा श्रुतिमधुरौ
भवेद्वा न वेति चिन्तयामि।
स्थितिः समयानुसारेण परिवर्तनं
भवत्येव। दिनश्च। परन्तु मनुष्यजी-
-वनाय यत् शास्त्रं तत्तु अपरिवर्तितं
भूत्वा जगद्दलप्रस्तरवत् तिष्ठति।

# बन्धनम्

डिम्बथलिः डिम्बाणुमुत्पद्यते
त्यजति च प्रतिमासे ।
निषेकक्रियाया अकृतकार्योऽसौ डिम्बाणु
निःसृता भवति, गर्जिता भवति
योनिपथे च प्रतिवारम् ।
सर्वे वदन्ति रजःस्राव इति
परन्तु संयोगव्यर्थता हि मन्ये ॥

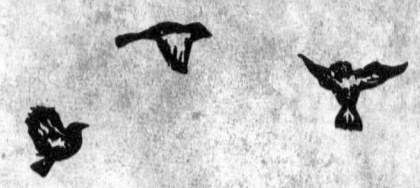

# विमोचनम्

प्रत्येकेषु चिन्तासु मुक्तिः भिन्न-रूपेण प्रतीयते । यथा महाश्मशा-नस्य शवदाहकारी अयं डोमः, य अहर्निशं मृत्युं दिदृक्षते तं निकषा संसारत्यागस्य अपरार्थो हि मुक्तिः। मनुष्यो हि मरणशीलः। उच्यते च "जातस्य हि ध्रुवो मृत्युः।" कदापि न कदापि वा इहजगतः गमनीयमेव । अतः जीवनस्य उद्देश्यं यदि महानिर्वाणो भवति तर्हि तत् स्वतःस्फुर्तं भवेदिति वक्तव्यम् ।

# प्रवृत्तिः

शापेनापि मुक्तिर्भवति ! प्रलापमिति
मन्यते ? विश्वसतु भवान् , मिथ्या
न वदामि । एतत्तु सर्वे जानीमः
जरया शरविद्धः सन् इहलोकं त्यक्तवान्
स्वयं श्रीकृष्णः । न जानामि जरा कर्ता
आसीद्वा न वा ! अथवा देवाः हि श्रीकृष्ण-
-निधनस्य आयोजका आसन् ।


श्रीकृष्णः बहुवारमभिशस्तोऽभवत्
जीवद्दशायाम् । अभिशापेनैव च
तस्य अवतारस्य निर्वाणोऽभवत् ।
पुनः विश्वरूपदर्शनावसरे अर्जुनमुपदिश-
-ति श्रीकृष्णः यदर्जुनः कुरुक्षेत्रयुद्धे केवलं
निमित्तमात्रं भविष्यति , यतः प्रागेव तेषां

कौरवाणां निधनं निर्धारितमभवत् तेन श्रीकृष्णेणैव। श्रीकृष्णः किं स्वकीयं निधनमपि प्रागेव निर्धारितम्? यतः कार्यसिद्धये पृथिव्यामाविर्भूतोऽभवत् स एव कर्तृरूपः देवः। तेन श्रीकृष्णेण स्वस्य मुक्तिरूपायं प्रागेव निर्धारितं वा न वेति चिन्तनीयमधुना।

सलमनखान इति प्रख्यातोऽभिनेता कृष्णसारमृगहननदोषाविष्टः सन् कारावासमलभत। अतीवनिन्दनीय-मेतत्कार्यं यदि अज्ञाने भवति, यदि वा हननकर्ता येन केनापि कारणेन हननकार्ये लिप्तो भवति - तथापि स सद्धर्मितायाः पात्र इति उपदिशति शास्त्रम्। ईश्वरं विना कोऽपि कर्ता नास्ति इहजगति इत्यपि शास्त्रेषु उपलभ्यते। अधुना एतत्तु स्पष्टं यत् सलमनखानवत् क्षेत्रेषु पार्थिवन्यायालय ईश्वरस्य अपि ऊर्ध्वे अवतिष्ठति।

# मुक्तिः

ईश्वरं प्राप्तुं शक्यते किम् ? कुत्रासौ तिष्ठति ? एतत्सत्यं किं यत विविध-शास्त्रलोकोल्लिखितमहज्जनाः तस्य ईश्वरस्य सान्निध्यमलभन्त स्वरूपञ्च अपश्यन् ? पुनः चिन्तयामि स एव ईश्वरः केवलं शब्दे लोकव्यवहारे वा तिष्ठति। परन्तु तस्य ईश्वरस्य साक्षाद्दर्शनमस्तित्वञ्च विषये संशयाकीर्णः मे मनः।

निरूक्तकारेण यास्काचार्येण स्थानभेदे "तिस्र एव देवता" इत्युक्तम्। प्रकृत्या कति देवताः सन्ति पृथिव्यामधुना इति चिन्तयामि। धर्मद्रष्टारः धर्मप्रचारकाः च सर्वे तेषामनुगन्तव्यमिति उक्तवन्तः मनुष्यान् युगे युगे। ते सर्वे वदन्ति ईश्वर

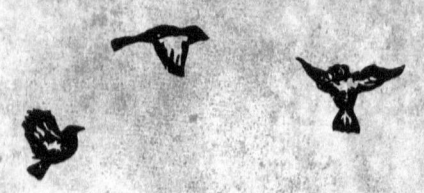

एक एव अद्वितीयः। श्रीकृष्णोऽपि योजयति यत् सर्वे अवदन् –“सर्वधर्मान् परित्यज्य मामेकं शरणं व्रज।” अद्य नवजातकाः किं करिष्यन्ति बहुदेवतासम्पन्ने अस्मिन् पृथिव्याम्?

उच्यते -“यावत् चलति श्वासः तावत् तिष्ठति मनुष्याणामाशा” इति। अपि च श्रूयते - श्वासप्रश्वासरूपकर्मोऽपि तेन ईश्वरेण इच्छया एव संघटते। केनोपनिषदि उक्तं-“ केनेषितं पतति प्रेषितं मन...” इति, उत्तरं तु परमेश्वर एव। ईषत् चिन्तयतु जीवनमरणयोः निर्धारणं करोति निःश्वासप्रश्वासरूपा शरीरवृत्तीयप्रक्रिया

एव, न तु ईश्वरः। तर्हि स ईश्वरः कुत्र वर्तते ?

वेदान्ते एव तस्य प्रकृतं स्वरूपं वर्णितमस्ति। "अहं ब्रह्मास्मि", "अयमात्मा ब्रह्म" इत्यादीनि उपनिषदवाक्यानि घोषयन्ति यत स परमेश्वरः तवमध्ये एव अस्ति। युवां द्वावेव एकाकारेण घटितौ। प्रकृत्या हि स्वकीयमस्तित्वमुपलब्धिं कृत्वा मुमुक्षुः मुक्तिं लभते। अतः त्वमेव सर्वशक्तिमान् परमेश्वरः। वृथा हि अन्वेषणं, वृथा हि कष्टसेवनरूपं सन्यासं; त्वया विना वृथा हि सर्वम्।

## Postscript

I am delighted to go through the book entitled *mumukṣā* by Kaushik Acharya. The book is small in size but large in philosophical thoughts. It is written after following the shadow of thoughts expressed by Kiriti Sengupta in his chapbook *Reflections on Salvation* published by Transcendent Zero Press in the United States of America in July, 2016. It is not an easy work to write small essays on some important issues taken from our life and tradition.

The author, Kaushik Acharya, has done a commendable job in presenting the essays in simple yet beautiful Sanskrit language. Each and every essay is followed by moral teaching, which reminds me the stories of *pañcatantra* that projects a moral lesson contained in every story. Some of the essays point

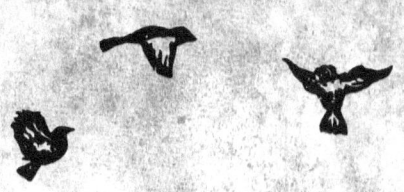

out some genuine contradiction in our own tradition. In Indian culture the performance of sacrifice is always glorified without considering its side effects like indiscriminately killing trees and thereby destroying the environmental balance. Moreover, the performance of sacrifice is essentially a costly affair and hence, it is not possible to undertake it easily by the poor people. Through the performance of sacrifice one is conjoined with unseen result of availing of heaven. As the poor cannot perform sacrificial act due to paucity of money, how do they get heaven? It is said that poor people has no other alternative, but to take birth in a rich family in the next birth to get the desired result after performing the same. Again, in the essay *dhyānam* it is said that though we always try to meditate properly yet it is not possible due to having many day-to-day issues, like pain in the leg, attention to the football game going on in television, tension of paying income tax in proper time, etc. If there is no meditation, no result can be achieved as endorsed in the *gītā*— "*yogah karmasu kauśalam*" (meditation is the key to success). The opposite picture is also seen when someone proclaims the glory of non-meditation. Though our *śāstra*s (scriptures) preach for detachment, however, we can observe that at times attachment towards something has also been encouraged by someone. The

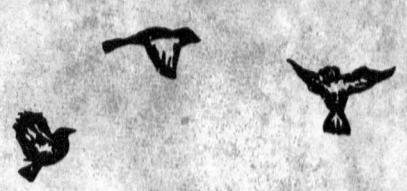

author has tried to show the truth of a great sage who believes: "*kartavyam karoti cet saundaryam bardhayiṣyati*" i.e., if duty is performed, beauty is enhanced. In this context a pathetic story of the lady, Romā, has been highlighted only to show that every saying in our tradition is not always connected with our wellbeing (*purāṇamityeva na sādhu sarvam*). Though she was dutiful and dedicated towards her family members yet she lost her beauty due to having an incurable disease. Such paradox is an eye-opener in our practical life in present day society. Again, the author raised a question whether the *gītā*'s statement— "*mā phaleṣu kadācana*" is acceptable to all or not. It may not seem to be sweet to hear for the husband and wife who are longing for a baby. In fact, absence of longing for result is taken as a good practice in the methodology of medical treatment. In *rājaphalam* Kaushik Acharya has hinted towards a great truth: "*anusaraṇam tu manuṣyaswabhābam*" (imitation is human nature). If we follow the path of the superiors, or the path as prescribed by the *śāstra*, we shall be provided with the desired fruit. The *vivekadantam* speaks of very natural truth that wisdom follows pain (*jñānam vedanānusāriṇameva bhavati*). It is universal truth that without pain no positive thing is available in this world, which is endorsed by Rabindranath Tagore: "*Ei*

*korechho bhālo niṭhura he, emni kare hṛdaye mor tīvra dahana jwālo*" (O Cruel-hearted God, you have done wellbeing for me after pouring lot of pain into my heart).

It is a free confession that all of us are actors in the stage of this world as reflected in the essay *rangamañca*. Considering this attitude of the author I can easily confess that Kaushik Acharya is playing the role of an author, Kiriti Sengupta is playing the role of provider of great ideas, while I am playing the role of a reviewer. The chief and common director of our acting is God whose inspiration is our pathfinder.

The Sanskrit language of the book is adorned with lucidity and forcefulness (*prasādaramyā ojasvinī*), which needs appropriate training. I believe the author is well-trained in writing and also in nourishing philosophical thoughts within the cover of figurative language. The book is a great asset for those who are lovers of literature, philosophy and science. I hope this will be a source of inspiration of the future generation who will be engaged in creative research. I sincerely appreciate the contents of the book and their varied type, starting from *mukti* to *vivekadantam* and pray for its wider publicity in the scholarly world. At the end I pray to God: Let us look towards all beings in the eye of friendliness, let others look us in the eye of friendliness

and let each-other look in the eye of friendliness after forgetting enmity or misunderstanding among us—"*mitrasya mā cakṣuṣā sarvāni bhūtāni samīkṣantām/mitrasyāham cakṣuṣā sarvāṇi bhūtāni samīkṣe/ mitrasya cakṣuṣā samīkṣāmahe*" (*Yajurveda-*38/18).

Date: 29th Dec, 2016                          Raghunath Ghosh

Professor Emeritus, Department of Philosophy

Former Director, Centre for Buddhist Studies (UGC)

University of North Bengal

Siliguri, India.

# About Kaushik Acharya

Born (1988) in Mathabhanga, a distant location in North Bengal, Kaushik Acharya did post-graduation (M.A.) in Sanskrit language & literature in Jadavpur University, Calcutta. Kaushik is a high-school Sanskrit teacher and he is pursuing doctoral research work (leading to PhD) in Jadavpur University. A few of his articles and papers have been published both nationally and internationally, and *mumukṣā*, his first published book is a humble contribution to the immensely rich heritage of Modern Sanskrit Literature.

मुमुक्षा

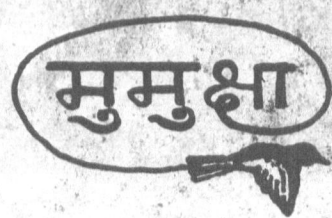